Marc DEYDIER et Frédéric LAZARD

LA BAUME DES PEYRARDS

(VAUCLUSE)

ATELIER PALÉOLITHIQUE

Cinquième Congrès préhistorique de France,
Session de Beauvais, 1909 (Pages 158 à 187).

LE MANS

IMPRIMERIE MONNOYER

12, Place des Jacobins, 12

—

1910

Marc DEYDIER et Frédéric LAZARD

LA BAUME DES PEYRARDS

(VAUCLUSE)

ATELIER PALÉOLITHIQUE

Cinquième Congrès préhistorique de France,
Session de Beauvais, 1909 (Pages 158 à 187).

LE MANS

IMPRIMERIE MONNOYER

12, Place des Jacobins, 12

1910

La Baume des Peyrards (Vaucluse).
Atelier paléolithique.

PAR

Marc DEYDIER   **Frédéric LAZARD**

Notaire à Cucuron   Maire de Sivergues

Vaucluse.

HISTORIQUE.

Bien des fois déjà, on a parlé de la Baume des Peyrards. Plusieurs mémoires ou articles ont été consacrés à cet abri sous-roche; mais aucun auteur n'avait pu encore assurer la date de l'industrie du silex qu'on y révèle, ni connaître exactement la faune que l'on pourrait y rencontrer, aucune fouille sérieuse, pourtant indispensable, n'ayant été faite jusqu'ici.

Le premier auteur qui ait écrit sur la Baume des Peyrards préhistorique, et dont le travail a de la valeur, est notre ami regretté, l'érudit M. Emile Arnaud, ancien bibliothécaire de la Ville d'Apt, ancien juge de paix, mort avoué à Aix-en-Provence, il y a une vingtaine d'années. Le Mémoire de M. Arnaud, avec planches et dessins à l'appui, a été publié par lui dans les *Annales de la société littéraire scientifique et artistique d'Apt*, 4ᵉ année, 1866-1867, société dont il était l'âme et l'un des principaux fondateurs. Dans le cours de notre communication, nous aurons l'occasion de revenir sur le travail de M. Emile Arnaud.

Nous passerons sur les citations de MM. de Mortillet, Reinach, etc. et les petites études de quelques auteurs qui ont eu à parler de l'atelier qui nous occupe et notamment celle de M. Nicolas (*Mémoires de l'Académie de Vaucluse*, 1885, p. 214, et de notre sympathique ami, M. Sauve, archiviste et bibliothécaire de la Ville d'Apt, qui, dans un charmant et très intéressant petit volume, bien illustré, sur la région de Buoux, au point de vue historique et archéologique (1), a consacré quelques lignes à l'atelier de la

---

(1) M. SAUVE. — *Le Vallon de l'Aiguebrun. Buoux, le village et l'ancien Fort Saint-Symphorien.* Mémoires de l'Académie de Vaucluse, 1904, 2ᵉ fascicule, et tirage à part.

Baume des Peyrards, sur les indications de l'un de nous, et en relatant les fouilles que nous y avions faites nous-mêmes.

Mais dans un travail plus étendu, M. Franki Moulin s'est vraiment trop pressé de publier, par deux fois, en l'année 1902, le résultat de ses quelques fouilles superficielles, et des observations qu'il avait pu faire ou que nous lui avions indiquées nous-mêmes.

Et cependant, nous l'avions bien prévenu du résultat important de nos fouilles antérieures, entreprises en août 1901. Aussi, dans ses écrits, M. Moulin est-il très hésitant, bien qu'il « se soit proposé, dit-il, de déterminer l'âge exact de la station de la Baume des Peyrards » (1). À la Sorbonne, il classe la station *en dehors du Moustérien dans le Pléistocène supérieur*, tandis qu'à l'Académie du Var (2), il conclut tout au plus *à la variété instrumentale et à l'emploi de procédés de technique très divers;* mais partout, il s'appesantit très longuement sur la question, un peu secondaire, selon nous, de la provenance du silex comme matière première, que M. Emile Arnaud croyait importée, tandis qu'elle se trouve en réalité sur les lieux mêmes, ce que nous avions appris et démontré à M. Moulin, quand nous lui avions indiqué la station où nous l'avions conduit et guidé plusieurs fois.

Cela dit, nous ne reviendrons probablement plus sur le travail de M. Moulin, ce travail ne pouvant donner une idée exacte de l'importance ni de l'industrie de la station, puisqu'il se borne, dans ce qu'il a de bon, à confirmer avec détails ce qu'avait dit Emile Arnaud, et à le critiquer longuement en ce qui concerne l'origine de la matière première.

C'est en l'année 1901 que remontent les fouilles méthodiques que nous avons entreprises nous-mêmes à la Baume des Peyrards; toute la station a été fouillée, en plusieurs fois, et nous avons apporté, dans ce travail, les soins les plus minutieux. Le relevé des coupes, nos trouvailles et nos observations ont été soigneusement consignés; et si nous ne les avons pas publiés plus tôt, c'est pour des raisons personnelles.

SITUATION. DESCRIPTION DE L'ABRI.

La Baume des Peyrards fait partie du territoire de Buoux, arrondissement d'Apt (Vaucluse): elle est située sur la rive droite et sur le haut du talus de la petite rivière de l'Aiguebrun, à une ving-

---

(1) Compte-rendu du Congrès des Sociétés Savantes, à la Sorbonne, inséré au *Journal Officiel* de 1902, page 2486, 3° col. Du reste, le Mémoire de M. Moulin n'a pas été inséré au Vol. du Congrès.

(2) M. MOULIN — *La Baume des Peyrards.* Bull. Académie du Var. 1902.

taine de mètres au-dessus de ce cours d'eau, qui se dirige sensible-
ment de l'est à l'ouest, presque parallèlement, sur ce point, à la
montagne du Luberon, dont elle fait pour ainsi dire partie. En effet,
l'Aiguebrun a son cours dans une profonde coupure creusée dans
la mollasse inférieure, dont les immenses bancs supportent, au
nord, le Plateau des Claparèdes à l'altitude, sur ce point, d'environ
540 ou 550 mètres, tandis qu'ils se redressent au sud, en grandes
écailles et en contreforts, sur le massif du Luberon, constitué, lui,
par une puissante ossature de calcaire infracrétacé, appartenant aux
étages Valanginien, Hauterivien et Barrémien. Le point culmi-
nant de cette montagne est à 1125 mètres d'altitude.

Cet abri de la Baume des Peyrards s'étend sur une quarantaine
de mètres de longueur, sur une moyenne de 4 à 5 mètres de largeur ; il est à une altitude d'environ 420 mètres.

Il est formé par une excavation naturelle irrégulière et peu pro-
noncée, creusée en surplomb dans la paroi et au pied du grand
rocher de mollasse compacte dont nous avons parlé, rocher qui est
coupé à pic sur une hauteur d'environ 80 mètres, et qui termine au
sud le vaste plateau des Claparèdes couvert de stations néolithiques
qui pourront faire l'objet d'un travail ultérieur de notre part (1).

Mais la Baume des Peyrards n'est pas précisément une grotte,
comme l'étymologie provençale du mot *Baume* semblerait le faire
croire (2). Ce n'est pas même un abri-sous-roche, dans le sens général du mot, mais un simple surplomb et plutôt un abri contre le
vent du nord, qu'un abri contre la pluie, mais en tout cas à ciel
ouvert, ce qui, joint à l'absence du Renne, tendrait à prouver que
l'époque moustérienne n'a pas été bien froide dans nos régions.

On accède enfin à la Baume des Peyrards soit par le Plateau des
Claparèdes, en passant par la maison de campagne appelée Marenon, qui en est à 2 ou 300 mètres de distance en contre-haut, soit,
ce qui est préférable, par le riant et très pittoresque vallon de l'Aiguebrun, en passant au Moulin-Clot et au pied de l'ancien Fort de
Buoux, distant de l'abri d'environ un kilomètre.

---

(1) Il existe bien déjà un travail sur des stations néolithiques des Claparèdes,
avec quelques lignes sur celle de la Baume des Peyrards : *Un groupe de dix
stations préhistoriques sur le plateau des Claparèdes.* Répert. Soc. statistique,
Marseille, 1904 (compte-rendu dans *Anthropologie*, 1905, p. 190) ; mais ce
travail, incomplet, tronqué et erroné, est un vrai plagiat : l'auteur n'a jamais
été seulement sur les stations qu'il signale ; et ce plagiat a été commis à l'en-
contre de l'un de nous, victime de sa complaisance pour cet auteur peu scru-
duleux, qui se présentait à lui en simple amateur, et qui publia incontinent les
renseignements fournis et les pièces prêtées, sans même citer celui qui les lui
avait fournis. Lazard. M. F. Moulin s'est aussi attribué très souvent des renseignements importants qu'on lui avait donnés.

(2) En patois du pays : *La Baoumo dei Peirard.* Traduction littérale : *La
Grotte des silex.*

Nous ajouterons que la Baume des Peyrards se trouve sur un
terrain dépendant du Domaine de Marenon appartenant à M. Boüer,
Inspecteur des Eaux et Forêts, que nous tenons à remercier publi-
quement de l'obligeance avec laquelle il a bien voulu nous auto-
riser à pratiquer des fouilles, au point de vue préhistorique, dans
sa propriété.

L'homme préhistorique de la Baume des Peyrards avait à sa
portée et en abondance, pendant toute l'année, l'eau fraîche et limpide de la rivière de l'Aiguebrun, et le silex comme matière première qu'il allait chercher dans les lits de galets et silex à patine
verdâtre qui se trouvent dans toute la région, à la base de la mollasse, et dont des affleurements se voient sur plusieurs points de la
localité, notamment près de la maison de campagne de Champ,

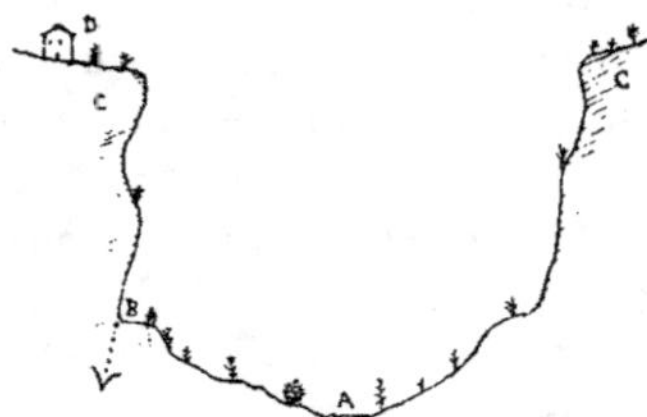

Fig. 1. — *Coupe transversale du Vallon de
l'Aiguebrun.* — Légende : A, Lit de la
rivière de l'Aiguebrun ; — B, Station.
Le pointillé indique l'étendue des fouilles ; — C, Rocher de calcaire, Mollasse
intérieure ; — D, Maison de Campagne de
Marenon (rive droite).

au sud, distante de l'Abri d'environ 1 kil. Ce sont des cailloux
ou nodules siliceux de toutes provenances roulés par la mer mio-
cène à son arrivée, et chargés en grande partie d'une forte couche
de glauconie (hydro-silicate de fer et de potasse).

STRATIGRAPHIE.

La berge de la petite rivière de l'Aiguebrun, rive droite, monte
en un raide talus, sur une vingtaine de mètres de hauteur, sur la
paroi du grand rocher sus mentionné : elle s'étend avec lui plus
loin que la Baume des Peyrards, à droite et à gauche.

Ce talus est composé, en très grande partie, par des fragments
fins ou de grosseurs diverses, même par des blocs provenant de la
désagrégation du rocher de mollasse marine qui le surmonte ; mais
à certains moments, la crue de la rivière y a déposé des lits de li-
mon ou des terrains alluviaux, d'épaisseur variable, quelquefois
mêlés aux résidus de mollasse et quelque peu à des terrains rou-
geâtres sidérolithiques.

Telle était la composition du plancher, sauf à le niveler légèrement, au moment où l'homme préhistorique est venu s'établir à la
Baume des Peyrards ; mais les effets atmosphériques se sont pro-
longés pendant son séjour et ont continué à y apporter des éléments
qui se sont mêlés parfois aux couches qu'il formait lui-même avec

ses foyers, ses résidus, ses détritus, etc. Ces terrains ainsi nouvel-
lement formés sont restés assez meubles et presque secs, sauf

Fig. 2. — *Vue générale des lieux de la Station.* — Légende : AA, L'Abri sous roche et la Station, en grande partie cachés par les déblais ; — BB, Sol de la station. Déblais des fouilles ; — CC, Partie du rocher auquel la station est adossée ; — D, Grande Brume vidée environ ... mètres en contre-haut de la station fouillée ; — E, Point de repère sur le rocher à 1 mètre du sol.

sur certains points de la paroi rocheuse, plus exposés au suintement du rocher en temps de pluie, où le terrain s'est agglutiné en une sorte de brèche contenant terre, pierres, silex, os, etc.

La figure 2 donne l'aspect général du grand rocher auquel la station est adossée, et une faible partie de sa hauteur.

COUPE. — Deux ou trois sondages préalables nous ont d'abord fait connaître approximativement l'étendue de la station en soussol, et le nombre et la nature des couches ou assises, dont nous avions à tenir compte, lesquelles sont variables d'épaisseur; quelques-unes ne sont pas bien marquées jusqu'au rocher. A mesure que l'on avance vers l'est, le niveau actuel descend, mais il est certain que de ce côté le niveau de la station montait plus haut qu'aujourd'hui, puisque les excavations dans le rocher étaient remplies de terrain de la station, avec de nombreux silex et fragments d'os, mais sans terre noire.

Dans le cours de nos fouilles, nous avons relevé plusieurs coupes de couches et foyers rencontrés.

Voici la principale coupe :

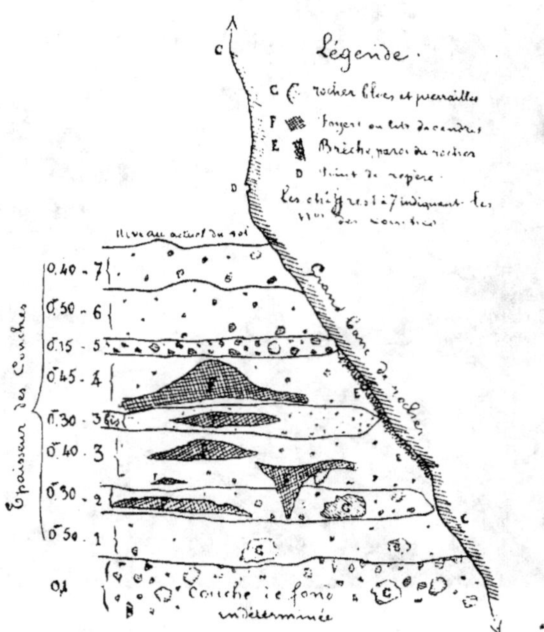

Fig. 3. — Schéma des diverses COUCHES trouvées au cours des fouilles. (Voir Fig. 2). — Stratigraphie.

DESCRIPTION DES COUCHES. — Nous commencerons par les couches d'en bas, du fond de la coupe, et nous remonterons la série.

Couche 0 1. — *Support de la Station.* Quand, après les précédentes, nous avons eu traversé la couche 1, dont une partie a donné quelques traces d'occupation de l'homme, nous avons approfondi nos fouilles de 5o centimètres au moins, dans le lit pierreux qui supporte sa station, sans y rencontrer de débris organiques ni la moindre trace humaine.

Nous en avons conclu que la station ne descendait pas plus bas que la couche 1, et nous nous sommes arrêtés.

Ainsi que nous l'avons dit plus haut, cette couche du fond supportant la station, sert de berge à la rivière d'Aiguebrun, au niveau de laquelle elle descend, sinon plus bas encore, avec une épaisseur totale de 15 à 20 mètres. — Près du rocher, elle se compose en grande partie de détritus et de pierres détachées du rocher qui surplombe ; mais en s'en éloignant, les pierres disparaissent en grande partie et la couche devient argilo-sableuse, de couleur jaunâtre dans le bas, blanchâtre et un peu grumeleuse dans le haut : ce sont des apports de l'Aiguebrun, à n'en pas douter.

Le terrain formant cette couche 0 1, éloignée de la surface du sol d'environ trois mètres, au point où nous sommes descendus, n'est ni humide, ni trop sec, et ne paraît pas atteint par les eaux de pluie, à cause du surplomb du rocher et de la profondeur de la couche qui, au point creusé, ne doit son état hygrométrique qu'à la capillarité ou au suintement du rocher.

Au fond du sondage de cette couche, nous avons placé un bocal en verre, scellé, accompagné de deux pièces de monnaie françaises de cinq centimes, et contenant un procès-verbal que nous avons rédigé, daté et signé, pour marquer notre passage, si l'on voulait plus tard approfondir la fouille. — Ce bocal a été placé à l'aplomb supérieur du point et à 4^m15 où le rocher fait la bosse, en haut, soit à un mètre au-dessus du sol actuel, et où nous avons fait au rocher un creux de quelques centimètres, accosté de nos initiales en noir, ce qui devait pour lors et pour l'avenir au besoin, nous servir de repère pour nos distances, nos fouilles, etc.

Couche 1. — La première couche, en bas, portant des traces préhistoriques, se composait à peu près des mêmes pierres et détritus que le plancher que nous venons de voir : détritus, lausettes (1), terre fine et un gros bloc. Son épaisseur variait de 0^m3o à 0^m5o ; nous l'avons démarquée du plancher du fond, à cause de quelques rares esquilles d'os et de la pièce de silex cassée. *Fig.* 1, Pl. I, que

---

1 *Lauso, bard, lauseto*, termes provençaux qui signifient : pierre plate, dalle, petite dalle ou petite pierre plate, provenant de couches compactes plus ou moins minces que l'on délite ou qui se délitent naturellement dans certains terrains, notamment dans la safre mollasique de Provence.

nous avons rencontrées vers le bas de la couche, dont la partie supérieure marquait déjà bien la station, sans trace de foyer, cependant, mais par quelques éclats de silex, quelques fragments d'os plus gros, indéterminables, et notamment par la pièce que nous représentons à la Pl. I. *Fig.* 2. qui est une petite lame, légèrement en pointe, en silex gris-blanc ; tandis que la pièce ci-dessus, en silex noir recouvert en grande partie de sa croûte, donne l'aspect d'un racloir arrondi, épais. L'une et l'autre sont taillées et usées sur l'arête supérieure de leur pourtour, sans avoir touché à la face inférieure lisse (1). Leur forme et leur taille indiquent déjà parfaitement un faciès moustérien.

Couche 2. — Cette couche d'une épaisseur de 0ᵐ12 à 0ᵐ15 et plus sur certains points, se composait de détritus et de pierres mollassiques de grosseurs diverses. nombreuses à la base, avec quelques blocs de fortes dimensions descendus du rocher pendant l'occupation, puisqu'ils ont été enveloppés par dessous et par côtés de la couche cendreuse qui nous occupe.

Elle contenait beaucoup de cendres mêlées à de la terre, et même une large couche de cendres presque pures, occupant une surface de plusieurs mètres carrés, indépendamment de petits lits de terre noire qui existaient à la base sur divers points, provenant d'autres foyers.

A la base de la couche et vers le milieu de la station, existait une petite poche ancienne, comparable à un terrier de lapin, rempli de calcaire blanc en poudre et contenant une douzaine de fragments de vertèbres indéterminables ; mais ce n'était pas un terrier.

Dès la base jusqu'au haut, cette couche renfermait quelques éclats de silex et des fragments d'os, assez nombreux. Vers la base, nous avons recueilli quelques bons silex taillés (Pl. I ; *Fig.* 4, 5, 6 et 7). indiquant toujours un faciès moustérien. Les silex et les ossements étaient assez rares dans le corps de la couche, mais ils devenaient moins rares en remontant à la partie supérieure ; les éclats de silex, les déchets de taille, non utilisés étaient plus communs.

La faune de la couche 2 comprenait, à l'état rares : *Equus Caballus, Bos taurus, Capra hircus, Cervus elaphus, Cervus capreolus, Lepus (Oryctolagus) cuniculus* (2) ; toutefois, la chèvre et le lapin étaient moins rares.

(1) Certaines pièces représentées sur nos Planches portent une petite étiquette, ronde ou ovale, en papier blanc, indiquant le numéro de la couche à laquelle ces pièces appartiennent ; les pièces ne portant pas d'étiquette, proviennent, à peu près toutes de la couche 4. et quelques-unes des couches plus hautes.

(2) Nous avons soumis la faune de la Baume des Peyrards au Dᵣ Depéret, notre sympathique ami, l'éminent Doyen de la Faculté des Sciences de l'Université de Lyon, qui a bien voulu déterminer tous les ossements que nous lui avons communiqués.

A la partie supérieure de cette couche, nous avons rencontré un radius de chèvre, entier, ce qui est un fait rare, les ossements s'étant toujours présentés cassés, brisés.

Couche 3. — Cette couche a environ 0^m45 d'épaisseur. Avec elle, nos fouilles s'élargissent avec la station qui contient toujours de nombreux fragments de mollasse, surtout en s'avançant vers le rocher et sous le rocher, où les couches s'enfoncent profondément sous le surplomb. Mais la couche 3 se compose presque entièrement de terre noirâtre, plus noire sur certains points, sans qu'il y ait, pour cela, précisément foyer.

Sur d'autres points, cependant, nous avons rencontré dans cette couche plusieurs foyers locaux, plus ou moins restreints, mais parfaitement caractérisés. L'un d'eux, vers la partie supérieure de la couche, mesurait 0^m60 de longueur sur environ 0^m40 de largeur, et comprenait des cendres, des débris de charbon, avec de la terre noire. Aux abords du foyer, nous avons trouvé de belles pièces en silex, grattoirs, lames, etc.

La partie de cette couche qui était en contact avec la paroi du rocher, et sur une épaisseur variant de 0^m04 à 0^m10, était agglutinée, concrétionnée en brèche stalagmitique compacte, cimentée solidement au rocher, englobant quelques silex et de nombreux fragments d'os, surtout d'os de lapin. Il semble donc que les restes de cuisine et même les pierres mêlés à de la terre auraient été repoussés sous le rocher.

Dans la partie médiane de la couche, ainsi que vers le haut, nous avons trouvé des pointes à main.

Avec la couche 3 apparaît une industrie un peu particulière du moustérien ou qui s'en détache quelque peu, tout en conservant le caractère de l'époque (Voir les *Fig.* 9 à 14 de la Pl. I.,

Par contre, les pointes *Fig.* 10 et 11, le racloir, bombé en dessus, creux en dessous, de la *Fig.* 13, et la pierre de jet *Fig.* 14, de la Pl. I, nous semblent indiquer des formes nouvelles, qui s'accentueront à la couche 4.

Avec cette couche, apparaissent aussi des silex à patine ancienne, portant des retouches non patinées contemporaines de la station. (Pl. I, *Fig.* 8 .

En ce qui concerne la faune de la couche 3, nous remarquons que le bœuf et le cerf élaphe deviennent un peu moins rares que dans les couches précédentes et que le lapin est très commun.

Couche 3 bis. — La couche 3 bis variait d'épaisseur depuis 0^m10, jusqu'à environ 0^m40, sur certains points, se relevant et s'amincissant vers le sud ; très grumeleuse en détritus du rocher, elle ne contenait presque pas de terre fine ; cependant, nous avons rencontré dans la grume, un foyer local d'une grande intensité, occupant une surface de 0^m65 de longueur sur environ 0^m35 de largeur, sur un plan non uni. Son épaisseur variait de 1 à 10 centimètres ; il était comme superposé au foyer supérieur de la couche précédente, distant d'environ 0^m25.

Dans cette couche, nous n'avons rencontré que quelques débris d'ossements, une dent de cheval et un racloir bien caractérisé et retaillé d'un seul côté.

Couche 4. — Cette couche était à peu près de même composition que la couche 3, l'avant-dernière ci-devant, mais la terre en était un peu plus noire, surtout vers sa base. tandis que sur certains points de sa partie supérieure, la terre était simplement teintée de noir, quoique aussi riche qu'ailleurs, du reste.

Elle est encore bréchoïde au contact du rocher où le terrain de la couche semble avoir été repoussé.

Cette couche renfermait pas mal de fragments de mollasse, dont quelques-uns atteignaient la grosseur d'une tête d'enfant. D'une épaisseur d'environ 0^m45, elle était assise sur un plan peu uni et sa surface paraissait être la plus étendue de la station. Mais cette couche renfermait un foyer remarquable par sa forme et son étendue et par sa richesse en beaux silex taillés.

Ce foyer s'élevait en petit mamelon, sur une hauteur d'environ 0^m40, occupant à peu près toute la hauteur de la couche 4, sur ce point ; il s'élargissait en descendant jusqu'à environ 1^m80 de diamètre à la base ; il s'étendait plus loin encore ; mais tandis que sa partie centrale se composait presque uniquement de cendres et de terre calcinée, le reste ne formait plus guère qu'une couche de terre noire légèrement brûlée, d'environ 0^m10, avec des débris d'os brûlés.

Il contenait dans sa masse beaucoup d'os calcinés et une grande quantité de silex travaillés ; plus de 150 jolies pièces y ont été recueillies, parmi lesquelles de très belles pièces, sans compter les déchets de taille.

Deux ou trois grosses pierres rougies par le feu, occupaient la partie centrale de ce foyer ; mais elles étaient sans ordre et ne paraissaient pas avoir été utilisées comme sièges ou supports ; nous ne saurions dire pourtant si elles étaient tombées du rocher pendant l'occupation ou si elles avaient été apportées.

Nous n'avons pu remarquer si les os brûlés, dont il ne restait que des fragments indéterminables, appartenaient à l'espèce humaine ou à des animaux ; mais, étant donnée la quantité très minime de restes humains que nous avons trouvés dans la station (une dent et trois petits fragments de crânes seulement), on pourrait presque supposer que l'incinération humaine était pratiquée à la Baume des Peyrards.

Le restant de la couche, en dehors du foyer, contenait également beaucoup d'os calcinés et d'esquilles naturelles d'os, ainsi que de nombreux petits morceaux de charbons tendres s'effritant sous les doigts, le tout dispersé dans la couche qui, peu stratifiée, semblait, en dehors du foyer, avoir été en grande partie brassée, mêlée par le Préhistorique, quoique affectant une couche en place et bien formée.

La même couche 4 a procuré en outre : 1° une grosse dent de Carcharodon mégalodon, probablement tombée du rocher avec des détritus ; 2° quelques petits galets plus ou moins sphériques, en calcaire, et apportés sans doute de quelques couches voisines ; mais l'un d'eux porte des traces de petits chocs sur une face : 3° et des fragments de roche coloriée dont nous parlerons tout à l'heure.

Nous avons rencontré dans cette couche, en outre, relativement beaucoup de silex, portant des retouches avec toute leur fraicheur, sur des silex anciennement taillés et devenus patinés.

Nous y avons recueilli un grand nombre de racloirs et de pointes à main parfaitement typiques et finement retouchées (voir notamment les pièces figurées dans les Pl. II, III et IV, sauf quelques exceptions, que nous signalerons et sauf la grande lame, *Fig.* 3 de la Pl. II, qui provient de la couche 7, la plus haute de la coupe).

Mais avec de nombreuses pièces d'industrie moustérienne, nous remarquons un mélange d'autres pièces assez nombreuses, qui présentent des formes s'éloignant des types moustériens, semblant évoluer vers l'Aurignacien.

Déjà les Pl. III et IV représentent quelques pieces de ce genre ; mais c'est surtout la Pl. V, qui nous montre une diversité de formes et de tailles de silex, plus ou moins étrangères à l'industrie classique du Moustier. Nous reviendrons tout à l'heure sur ce sujet, au chapitre des *Industries lithiques.*

Ajoutons que la couche 4, la plus riche et de beaucoup au point de vue des silex taillés, est aussi la plus riche au point de vue de la faune, parmi les couches de la station ; en effet, avec les espèces trouvées dans les couches précédentes, dont les restes sont beaucoup plus nombreux dans la couche 4, nous y avons rencontré plusieurs autres espèces et notamment l'Homme, cependant très rare.

Les espèces les plus communes de la faune de cette couche, ont été le cheval (race moyenne), le mouton ou la chevre, le lapin, le cerf élaphe ; les autres espèces y étaient rares ou très rares ; la dent humaine et un fragment de crâne ont été trouvés isolés dans cette couche ; l'autre fragment de crâne que nous avons, a été trouvé à la base de la couche 3.

Cette faune, dont les restes se sont présentés dans des conditions ordinaires, relativement à la dispersion des os dans la couche, à la cassure des os, etc., se compose ainsi qu'il suit :

Homo rr. (1 arr. mol. sup.).
Equus caballus cc.
Capra hircus (chèvre domestique) cc.
Mouton ou Chèvre cc. (1).
Cervus elaphus a c.
Cervus capreolus r.
Bos taurus r.
Lepus (Oryctolagus) cuniculus. Le lapin est très commun.
Arctomys marmotta (une seule incision incisive de marmotte) ;
Ursus spelœus rr. (seulement la carnassière inf. droite d'un individu jeune).
Crocodile (fragment de dent importée).
Carnassier indéterminé (vertèbre caudale) rr.
Sus scrofa rr. (bout de mandibule inférieure).

Couche 5. — Cette couche, d'environ 0ᵐ25 d'épaisseur et sans foyer, se distingue de la précédente en ce qu'elle ne contenait pas de terre noire, ni de débris de charbon, abondants dans la couche 4.

Les fragments d'os et les silex y sont très rares. La faune n'est pas reconnaissable.

Couche 6. — La 6ᵉ couche observée, d'une épaisseur d'environ 0ᵐ50, se composait de pierrailles mollassiques, avec peu de terre dans les interstices. Les silex et ossements n'y étaient cependant pas rares sur les points où la couche était intacte et dans les trous et creux du rocher où elle remontait à un mètre au-dessus du sol actuel. Cette couche fouillée par E. Arnaud et les amateurs, éparpillée et utilisée par les charbonniers pour établir l'aire de leurs charbonnières, dont il reste des marques importantes, manque aujourd'hui sur une grande partie de la station : ni son étendue, ni son épaisseur ne peuvent guère être évaluées ; il en restait cependant encore une bonne partie à l'ouest de la station.

Mais nous n'avons rien de particulier à signaler sur la faune, ni les instruments en silex, qui sont assimilables à ceux que nous avons vus de la couche 4.

---

(1) Bien de petites pièces osseuses, même des dents, peuvent être attribuées indistinctement au mouton ou à la chèvre, ce qui n'implique pas précisément que nous avons affaire, ici, au mouton plutôt qu'à la chèvre ; c'est aux cornes surtout que l'on distingue ces deux animaux, à l'état fossiles.

Couche 7. — La dernière couche que nous avons observée, en place pour une petite partie seulement, du côté ouest de la station, avait une puissance d'environ 0m60, et se composait aussi de beaucoup de détritus ou pierrailles descendus du Rocher. Elle était pauvre en silex et en os : nous y avons trouvé cependant plusieurs pièces de silex travaillées et notamment, tout à fait sur le bout occidental de la station, une belle lame, brisée de deux coups de pioche et reconstituée ensuite : c'est celle de la Figure 3, Pl. II.

L'outillage de cette couche, continue à présenter des types moustériens, mélangé de pièces tournant à une époque plus avancée.

Notons enfin qu'à la surface de cette couche superficielle, nous avons rencontré quelques débris de poterie néolithique, ainsi que sur d'autres points environnants, hors de la station ; mais ces débris sont descendus du haut du rocher, entrainés, amenés qu'ils ont été par les eaux de pluie, du plateau de Claparèdes où se trouvent de vastes stations néolithiques avec beaucoup de fragments de poterie.

COUPE RELEVÉE PAR EMILE ARNAUD.

Emile Arnaud, dans son étude plus haut citée, avait fait le relevé de quatre couches qu'il avait reconnues dans ses fouilles sommaires à la Baume des Peyrards.

Ces couches sont les suivantes, rapportées textuellement :

1. Terre végétale avec détritus organiques et débris de charbon ;
2. Fragments anguleux de molasse provenant des bancs voisins:
3. Terre mélangée de menues pierrailles, avec quelques silex taillés et quelques rares ossements:
4. Terre fine contenant beaucoup d'ossements brisés et des silex.

Dans sa note, l'auteur ne donne pas l'épaisseur des couches ; elle pourrait peut être résulter de son croquis, à l'échelle de 1/30 ; mais elle ne correspondrait pas à la réalité, puisque, d'après son croquis, la couche 4 seule devrait avoir une épaisseur de plus de *14 mètres*, ce qui est inadmissible, la hauteur totale de la station, même au moment où elle a été relevée par l'auteur, ne devant pas avoir plus de 5 ou 6 mètres, au maximum. Du reste, Emile Arnaud ne s'était basé que sur un sondage d'environ un mètre de largeur, sondage que nous avons retrouvé dans nos fouilles ; mais nous sommes descendus beaucoup plus bas et, de plus, nous avons fouillé à peu près toute la station sur une étendue de plus de 120 mètres carrés.

Quoiqu'il en soit, les couches relevées par Arnaud correspondent assez bien à nos couches 7, 6, 5 et 4, tant par leur composition que sous le rapport de la question lithique industrielle que l'auteur fait remonter avec beaucoup d'hésitation à l'époque du Renne (1)

Nous ne tiendrons pas compte des deux pierres polies que M. Arnaud a figurées dans son travail et recueillies au quartier des Tourrettes, la Baume des Peyrards ne comportant pas d'instruments néolithiques.

Quant à la faune de cet abri sous roche, Emile Arnaud a reconnu que le Cheval et le Bouquetin *Ibex*) prédominaient.

Il y a trouvé encore le cerf élaphe, un autre petit ruminant indéterminable, le lapin et une espèce plus petite que le Chevreuil et le chamois, appartenant à une antilope, dit-il. voisine de la *Gazella dorcas*.

Cette faunule est bien incomplète par rapport à celle que nous avons relevée ; il est vrai que cet auteur cite un ou deux ruminants qu'il n'a pu identifier, et que nous n'avons pas retrouvés, savoir : l'antilope voisine de la *Gazella dorcas* et le Bouquetin, d'après lui ; mais M. Arnaud a pu confondre ces espèces, ou l'une d'elles, avec *Capra hircus* qu'il ne cite pas et qui est très commun à la Baume des Peyrards; il nous semble, en effet, que nous aurions facilement retrouvé le Bouquetin, puisque. d'après lui, c'était un des deux animaux qui prédominaient sur les autres ; il a donc dû faire erreur à ce sujet.

Remarques et Observations.

1. En choisissant la Baume des Peyrards pour son habitat, pour son logis et son atelier, l'homme préhistorique a eu en vue de s'établir plutôt contre le vent du nord. que contre la pluie et les vents du sud et de l'est. Il s'est établi, en effet, sous l'abri d'un grand rocher, peu surplombé et exposé au sud-est ; mais sans cavernes, ni grottes proprement dites, sur le point même choisi.

2. Nous avons déjà donné la composition du sol de la station disposée légèrement en cuvette et située à 20 mètres environ en contre-haut du niveau actuel de la rivière d'Aiguebrun, qui donnait au Préhistorique une eau abondante, fraîche et limpide pendant toute l'année.

3. Cette petite rivière, quoique peu poissonneuse aujourd'hui, n'est pas tout à fait dépourvue de poisson : on y pêche notamment l'écrevisse. Qu'en était-il à l'époque préhistorique ? L'habitant de la Baume des Peyrards, se livrait-il à la pêche ? Nous ne pouvons résoudre ces questions, nos fouilles ayant été infructueu-

---

(1) La Renne n'a jamais été observé dans nos régions, pas plus à la Baume des Peyrards qu'ailleurs.

ses sur les pesons des filets et autres objets de pêche, et n'ayant rien trouvé pour nous éclairer à ce sujet.

4. Le silex, comme matière première, se rencontrait presque sur place, dans les cordons de galets et de silex à patine verdâtre (1) qui se trouvent, dans la Vallée d'Aiguebrun, comme dans tout le bassin du Rhône, à la base de la mollasse; on en aperçoit divers affleurements, notamment un beau sous la barre mollassique qui domine, du côté du nord, la maison de campagne appelée Champ, à un petit kilomètre de la Baume des Peyrards au sud.

5. En arrivant à la Baume des Peyrards (2), l'homme préhistorique paraît très peu nombreux, à en juger par les traces rares et de peu d'étendue qu'il a laissées au fond de la station, couche 1. — Par la suite, il se multiplie et élargit bientôt sa station, qui est cependant souvent interrompue ou dérangée, partiellement au moins, entrecoupée qu'elle était par des couches pierreuses tombées du rocher qui la domine.

Aurait-il occupé aussi un autre abri sous roche, D, de la Fig. 2, beaucoup plus vaste, plus confortable et plus profond que la Baume des Peyrards, éloigné de celle-ci seulement de 5o ou 8o mètres à l'ouest et en contre-haut? Nous ne saurions le dire, car le sol incliné et les parois de cette deuxième Baume sont dépourvus de terre et absolument à nu, sans trace de l'homme préhistorique. Il est possible cependant qu'il s'y soit retiré momentanément pendant les époques dangereuses, pendant la chute des pierres ou des blocs qui ont formé les couches pierreuses de son habitat de la Baume des Peyrards.

Notons que d'autres abris sous roche existent encore à gauche et à droite de la vallée de l'Aiguebrun; nous les avons sondés ou explorés; mais nous n'y avons trouvé que de faibles traces de l'homme néolithique.

6. Malgré toute notre attention, il ne nous a pas été donné de rencontrer des traces de fruits ou de graines dans la station de la Baume des Peyrards.

7. Nous n'avons pas trouvé non plus de traces de coquilles alimentaires; nous en concluons que l'Helix nemoralis, si recherché

---

(1) Due à la présence de la glauconie (hydro-silicate de fer et de potasse), mais pas du chlorite. Ces silex, généralement peu gros, ont été détachés anciennement de diverses roches, par les courants ou les mouvements d'eau, sur des points différents, et ensuite roulés et déposés par la mer dans des milieux glauconieux; c'est pourquoi ils sont verdâtres à l'extérieur et de nuances diverses à l'intérieur; la plupart sont cependant dans les tons bruns.

(2) Il est possible que l'homme existât déjà dans la région, car nous trouvons à la Baume des Peyrards des silex retouchés, ayant toute la fraîcheur de la taille, sur des silex anciennement travaillés et recouverts d'une couche de cacholong.

plus tard, surtout pendant l'époque néolithique dans nos régions, n'entrait pas dans l'alimentation de l'homme de la Baume des Peyrards.

8. Pendant le cours de nos fouilles, notamment dans la couche 4, nous avons recueilli des fragments de roches tendres et colorées en rose et rouge, dont quelques-uns pourraient être pris pour des couleurs; ils proviennent des sables et argiles bigarrés, étage géologique très développé dans le bassin d'Apt, à la base du Tertiaire, et ont été extraits probablement des bancs que l'on peut trouver dans les environs de la station, et dont un affleurement existe à quelques kilomètres à l'ouest, dans un vallon faisant face à la Roche d'Espeil, mais de l'autre côté de la route et de l'Aiguebrun, rive droite.

Nous pensons que ces fragments colorés ont pu servir au maquillage, bien que la roche soit très peu ocreuse et soit chargée d'une minime quantité de matière colorante ; car dans quel but ces fragments de roche auraient-ils été apportés, si ce n'est pour le maquillage ?

9. Nous avons également recueilli dans la couche 4, quelques petits fragments d'os recouverts *extérieurement* (non intérieurement) d'une forte patine verte qui pourrait être de la glauconie, bien qu'elle ait de l'analogie avec la patine résultant du contact de matière cuivreuse avec de l'os ou des dents. Il est donc probable que la mollasse de la région étant empreinte de glauconie sur bien des points et même généralement, a communiqué cette teinte verte aux esquilles en question.

10. Nous ferons remarquer ici que de tous les foyers locaux, ou non, que nous avons rencontrés dans la station, aucun ne peut être confondu avec les fonds de cabanes ; nous ajouterons, en outre, que nous n'avons pas observé de pierres placées à dessein autour des foyers pour servir de sièges pas plus que pour supporter des récipients sur le feu.

11. Deux modes principaux d'éclatement du silex étaient pratiqués à la Baume des Peyrards : l'un dans le sens de la hauteur de la pièce ; l'autre dans le sens latéral, ce qui est constaté par le bulbe de percussion et le plan de frappe qui donnent à la pièce un aspect particulier.

12. Nous croyons devoir insister pour faire remarquer que nous avons rencontré parfaitement en place, dès la couche 3 et surtout dans la couche 4, un certain nombre de silex travaillés plus anciennement et recouverts d'une bonne couche de cacholong, portant une nouvelle taille à faciès moustérien ou aurignacien, à cassure très vive, fraîche, semblant faite d'hier, par conséquent beaucoup plus récente que la première. D'un autre côté, nous avons

rencontré, presque dans toutes les couches, des pièces en silex patiné n'ayant pas été retouchées, et même dans certaines couches, des formes évaluées déjà patinées. Le Paléolithique aurait donc séjourné très longtemps à la Baume des Peyrards, hormis qu'il eut tiré les anciennes pièces de quelque atelier voisin. (Voir notamment les *Fig.* 8 et 13, Pl. I; 4, 6 et 10 Pl. III; 8, Pl. IV; 17, Pl. V).

13. Nous ferons remarquer aussi qu'un assez grand nombre de silex portent encore des traces plus ou moins importantes de leur croûte primitive ce qui semble résulter de la petitesse des rognons utilisés. Nous avons cependant des pièces de 11 à 14 centimètres de longueur au maximum: la majeure partie est de 4 à 8 centimètres. Nous pensons qu'il ne faut pas attacher une grande importance aux dimensions des silex taillés pas plus qu'aux couleurs de la pâte; car très généralement, et en particulier à la Baume des Peyrards, le Préhistorique s'est servi des matériaux qu'il avait sous la main, petits ou gros, tels, qu'ils se présentaient à lui.

14. Il résulte de l'observation que le Préhistorique de la Baume des Peyrards s'est attaché à accommoder la plupart de ses outils : les Pointes, pour un solide emmanchement ou pour la préhension ; les Racloirs, pour les tenir solidement en main, soit de la main droite, soit de la main gauche; il y avait donc des ouvriers *droitiers* et des ouvriers *gauchers*, à la Baume des Peyrards.

FAUNE.

La faune de la Baume des Peyrards, intéressante dans son ensemble se compose, en définitive, des espèces suivantes :

Homo rr (arr. mol. supér. et trois fragments de crânes de deux individus).
Equus caballus cc.
Bos taurus r.
Cervus elaphus ac.
Cervus capreolus r.
Capra hircus cc.
Mouton ou *Chèvre* cc.
Lepus cuniculus cc. (1).
Arctomys marmotta rr.
Ursus spelæus rr.
Carnassier indéterminé rr.
Sus scrofa rr.
Crocodile importé rr.

(1) Le Lapin remonte à l'époque Pliocène dans le Midi de la France.

Soit une douzaine d'espèces et même quatorze, si l'on tient compte du Bouquetin et de la Gazelle indéterminés que M. Arnaud a cru remarquer, mais que nous n'avons pas retrouvés.

On voit que les espèces les plus communes sont : le cheval, la chèvre ou le mouton, le cerf élaphe et le lapin ; les autres espèces sont rares ou très rares.

Cette faune ne diffère guère des autres faunes moustériennes actuellement connues de la région, et même pas beaucoup de la faune actuelle. Notons à ce sujet que par l'inspection des lieux, rien ne paraît changé, dans nos contrées, depuis l'époque où la Baume des Peyrards était occupée par l'homme primitif et antérieurement, au point de vue orographique et géologique : les ruisseaux, les vallées, les rochers et les monts, rien ne paraît avoir varié, sauf un peu les éboulis de pentes et les alluvions du quaternaire dans les vallées.

La faune susvisée semblerait indiquer un climat légèrement froid, à cause de la présence de l'ours des cavernes, de la marmotte, etc. Mais si nous tenons compte que ces dernières espèces sont très rares et sont dues peut-être à l'émigration, si nous considérons la situation de la station presque en plein air, comme le sont beaucoup d'autres de la région, et enfin l'absence du Renne dans nos contrées où le Mammouth n'a pas été connu non plus, nous sommes portés à croire que la température de l'époque moustérienne était plutôt tempérée et ne différait pas beaucoup de celle d'aujourd'hui.

Pour le Paléolithique moyen des régions de Mormoiron, de la vallée du Largue, etc., où les stations sont aussi en plein air et où le Renne n'est pas non plus connu, nous avions déjà conclu à une température relativement douce. Il en est de même pour d'autres stations inédites ou peu connues que nous connaissons encore dans les environs.

Il est donc très probable que si à l'époque du Moustier, nous n'avons pas eu une température très méridionale, nos régions n'ont pas eu à subir le refroidissement qui s'est produit plus au nord, et dans le Périgord, dans les Pyrénées, et partout ailleurs où le Renne a fréquenté largement.

Nota. — Les ossements qui ont servi à la détermination de la faune qui précède, sauf les espèces très rares, consistent en différents membres fragmentés, et surtout en d'assez nombreuses dents et même parfois en fragments de mâchoires supérieures ou inférieures, munies de dents. Les pièces déterminées sont conservées par M. Deydier, l'un de nous, qui pourra les soumettre, chez lui, à toute personne qui voudra les étudier.

Chacun de nous deux, tient également, chez lui, dans sa collection, à la disposition des savants qui voudraient les examiner, les séries de silex figurés ou non provenant de la Baume des Peyrards.

Domestication. — L'abondance de certains animaux faciles à élever, que nous avons trouvée à la Baume des Peyrards, nous fait demander si la domestication n'y était pas connue. Il nous semble que cette abondance du cheval, de la chèvre et probablement du mouton, sans compter le lapin très abondant aussi, serait en effet de nature à nous faire croire que la plupart de ces derniers animaux étaient domestiqués.

En parlant de l'abondance du cheval, nous ne voulons pas dire qu'il y a à la Baume des Peyrards, un *magma* analogue à celui de Solutré par exemple, où, à la base de l'Aurignacien, M. Arcelin a découvert une véritable couche d'ossements de chevaux. Dans notre gisement, au contraire, tous les os étaient épars dans les couches, sans agglomération.

Quant au mouton, M. Depéret pense que, sans trop s'aventurer, on peut attribuer au mouton, malgré le défaut de crâne à lui soumis, un certain nombre d'ossements, et de dents isolées ou non que nous lui avons communiqués du gisement qui nous occupe.

Il pensait de même, lorsque sur la recommandation de l'un de nous, il détermina la faune du Bau de l'Aubésier, station moustérienne de la Vallée de la Nesque (Vaucluse , décrite par M. Moulin (1).

Os travaillés ou utilisés.

L'industrie sur os, ainsi que l'outillage osseux, font défaut à la Baume des Peyrards; nous n'avons pas non plus ces os striés, utilisés (compresseurs, retouchoirs, etc. , remarqués à La Quina et ailleurs, par le Dr Henri Martin, M. Louis Giraux et autres.

Toutefois, l'utilisation des os ne devait pas y être tout à fait inconnue, d'après les deux observations suivantes :

a) Une petite corne d'ovidé qui a été sciée à la base, polie sur une partie de sa longueur et légèrement amincie vers la pointe; elle est pourvue, en outre, de 2 ou 3 fines stries transversales sans ordre, paraissant avoir été faites avec une lame très fine, très coupante.

b) La partie frontale d'un crâne de cerf élaphe dont les bois ont été cassés, mais portant à la base des traces de fortes usures ou encoches latérales qui semblent avoir été faites par un frottement prolongé, un raclage, comme pourrait le faire un lien, mais dont nous ne saisissons pas l'utilisation.

---

(1) F. Moulin. — *L'abri du Bau de l'Aubésier* (Vaucluse). Toulon, 1904. in-8°.

Industries Lithiques.

Ainsi qu'on a pu le remarquer plus haut à la « Description des couches », l'industrie moustérienne seule, bien marquée, apparaît dès les premières couches inférieures de la station ; la faune est également bien marquée dès la couche 2.

L'industrie et la faune s'accentuent ensuite et prennent un grand développement dans la couche 4 ; nous ne reviendrons pas sur la faune qui a été énumérée ci-devant. Quant aux silex, concuremment avec l'industrie moustérienne, que nous avons rencontrée dans toutes les couches, nous avons recueilli, à partir de la couche 3, et notamment dans la couche 4, d'assez nombreuses pièces évoluant vers l'Aurignacien et même, pour quelques-unes, vers le Solutréen inférieur.

I. Pièces moustériennes. — Très belles et nombreuses sont les pièces typiques de l'époque du Moustier, à la Baume des Peyrards.

a *Pointes.* — Les pointes y sont fort communes. On peut en faire deux catégories : l'une, pour les pointes restées à l'état d'éclats non retouchés, et même parfois ne portant pas traces d'usure ; l'autre, pour les pointes taillées plus ou moins finement sur tout ou partie des bords latéraux et souvent aussi sur la surface opposée à celle d'éclatement restée lisse et portant le plan de frappe et le bulbe de percussion.

Mais cet outil triangulaire, plus long que large et ordinairement peu épais au talon qui est souvent taillé de manière à faciliter la préhension de la pièce (Pl. I, *Fig.* 2, 3, 8 ; Pl. II, *Fig.* 8, 9 et 11, etc.), présente de nombreuses variétés.

A côté de la forme commune que nous venons de mentionner, déjà variable en la forme et en épaisseur, voici les variétés les plus accentuées : *formes plus allongées, à base étroite, Fig.* 1, 2 et 6 de la Pl. II, etc. ; *forme ramassée, à base large, Fig.* 7, Pl. II ; *Fig.* 1, 3 et 5, Pl. III ; *pointes à bords latéraux en arc de cercle* (forme la plus commune), *Fig.* 2, 3, 9 de la Pl. III, et *Fig.* 1, 2, 9, 10 et 11, Pl. II, etc. ; *pointes à bords latéraux rectilignes ou à peu près, Fig.* 2, 3, 9, Pl. I ; *Fig.* 8, Pl. II ; *pointes minces ou plus ou moins minces, Fig.* 2, 3, 8, 9, Pl. I ; de cette dernière catégorie, mais de très petites dimensions, sont les pointes 4 et 5, Pl. II ; 2 et 4, Pl. III ; et surtout la pointe *Fig.* 6, Pl. I, qui est la plus petite, mesurant à peine 0ᵐ03 de hauteur. Nous mentionnerons ensuite les *Pointes épaisses ou très épaisses sur des points divers : Fig.* 11, Pl. I, mesurant à l'arrière 0ᵐ027 d'épaisseur, à pointe très aiguë (pièce trouvée dans la couche 3 ; *Fig.* 10, Pl. II, très épaisse au centre ; 11, Pl. II, pointe

épaisse en avant, plus mince au talon ; et la pointe *Fig.* 7, Pl. III.
brusquement épaisse en avant épaisseur 0^m020), avec croûte du
silex à la surface centrale.

On sait que la pointe moustérienne, avec son extrémité aiguë,
avec ses bords latéraux coupants, tranchants, pouvait servir à de
nombreux usages : couper, scier, racler, percer, etc. On suppose
qu'elle pouvait en outre, dans certains cas, servir d'armes, notamment de lance fixée à un manche à la façon d'une pique, ce qui
est possible, mais on avouera qu'il serait difficile d'appeler « pointes
de lance » les pointes à main dont nous nous occupons...

b) *Racloirs*. — Cet outil, bien travaillé, à surface inférieure
lisse, est également très commun à la Baume des Peyrards, mais
toutefois un peu moins que la pointe à main, peut-être. Nous en
trouvons plusieurs variétés dont voici les principales :

Racloirs arques : un seul bord retouché, *Fig.* 1, Pl. I; 18, 19,
Pl. III; 1, 2, 4 et 5, Pl. IV; deux bords plus ou moins retouchés
Fig. 4 et 5, Pl. I; *Fig.* 4 6, 7 et 12, Pl. IV ; 1 et 2, Pl. V.

Racloirs rectilignes, ou très peu arqués, retaillés sur un ou
deux bords, *Fig.* 12, Pl. I ; 3 et 8, Pl. IV ;

Racloirs obliques, représentés ici par un spécimen très beau,
Fig. 4, Pl. V, et peut-être par la *Fig.* 9, même Pl.; cette pièce
est cependant taillée de manière à être prise pour une pointe à
graver, un burin; la face visible sur la figure, est la face d'éclatement, l'autre face est très bien taillée.

Nous rangerions bien encore, dans cette catégorie, quelques
autres pièces *Fig.* 9 et 10, Pl. IV), si elles ne nous paraissaient
pas un peu de facture aurignacienne.

c) *Disques, pierres de jet*. — Les armes de cette nature ne sont
pas communes, mais nous en avons cependant de bien caracté-
risées, notamment la pierre de jet *Fig.* 14, Pl. I, et le disque *Fig.* 17
Pl. III. Bien que les pierres de ce genre soient peut-être rares dans
le Moustérien, nous ne croyons pas devoir les classer dans l'Aurignacien.

d) *Scies*. — Nous n'avons pas cet outil d'une manière bien pré-
cise ; mais diverses pièces (pointes et racloirs ont pu servir à cet
usage.

e) *Grattoirs*. — Le grattoir bien formé, fait défaut à la Baume
des Peyrards, aussi bien comme pièce moustérienne que comme
type aurignacien, hormis que l'on pût prendre comme ébauches
ou grattoirs de début, la pièce *Fig.* 18, Pl. III ; la pièce *Fig.* 10
Pl. IV ; et celle *Fig.* 10, Pl. V, qui est plutôt, selon nous, un
burin busqué.

f) *Tranchets*. — Nous croyons devoir prendre pour des espèces
de tranchets : 1° la pièce *Fig.* 17, Pl. V, à tranchant arqué, à pédon-

cule épais, mais accommodé de chaque côté pour bien prendre la pièce entre le pouce et l'index de la main droite, le tranchant dirigé horizontalement en avant, la face taillée en dessus; l'autre face est lisse, non travaillée, sauf les entailles d'accommodation; cette pièce a été obtenue telle, d'un ancien éclat resté patiné sur les parties non retouchées.

2° La pièce plate presque rectangulaire, *Fig.* 18, Pl. V; le talon bulbe de percussion, plan de frappe, n'est pas travaillé, mais les trois autres bords sont finement retouchés sur un seul côté et de manière à former deux angles aigus, presque deux pointes, mais avec le bord supérieur rectiligne, tranchant, ainsi que les deux bords latéraux; cette pièce pourrait être prise pour un racloir carré, ou pour un outil à deux pointes moustériennes, suivant la manière de la tenir en main.

3° Et la pièce *Fig.* 19, Pl. V, très bien retouchée sur l'arête supérieure de son pourtour; la face supérieure élevée vers le centre, mais retaillée partout; la face inférieure lisse avec bulbe de percussion et plan de frappe; cette belle pièce a une extrémité bien pointue, l'autre extrémité en forme de tranchet ou de grattoir rectiligne finement retouché.

Nous croyons que ces trois pièces, à taille moustérienne et retouchées d'un seul côté, sont des sortes de tranchets, que l'on peut comprendre parmi l'outillage moustérien de notre gisement.

g, *Pièces diverses.* — Parmi les pièces diverses que l'on doit attribuer au Moustérien, nous mentionnerons les suivantes : 1° la belle lame en pointe, malheureusement cassée de deux coups de pioche, et raccomodée, *Fig.* 3, Pl. II, et qui provient de la couche 7, la plus haute; cette lame, mince et finement retouchée sur les bords et sur la pointe, avec les deux faces lisses, le bulbe de percussion en dessous, mesure 135 millimètres de hauteur sur 70 millimètres de largeur. C'est la plus grande pièce en silex que nous ayons rencontrée : 2° une autre pièce magnifique, ovale, *Fig.* 8, Pl. III, retouchée sur toute sa surface, dessus et dessous, et surtout finement sur tout son pourtour rendu tranchant; c'est une espèce de pointe-racloir, peu épaisse, en silex brun, rayé, nuancé; 3° La pièce triangulaire, *Fig.* 15, Pl. III, formant deux pointes, entre lesquelles existe un bord légèrement concave, retouché en dents de scie; l'autre bord est rabattu ou émoussé, talon épais; 4° la pièce *Fig.* 16 même Pl. III, espèce de racloir-rabot en silex très patiné, par conséquent ancien, sans retouches fraîches; 5° une petite pièce allongée, *Fig.* 12, Pl. V, formant une pointe à chaque bout, à bords arqués, face supérieure à deux pentes, face inférieure lisse, non travaillée.

Aurions-nous encore à mentionner, parmi nos pièces représentées, d'autres formes ayant le faciès moustérien ? Nous pensons qu'elles se rattachent au faciès d'époques postérieures dont nous allons parler.

Nucléus (1), *Percuteurs*. — Remarquons que les nucléus et les percuteurs sont très rares, à peine si nous en avons rencontré quelques rares fragments.

II. Pièces a faciès aurignacien. — Nous avons recueilli beaucoup de pièces appartenant à un moustérien plus ou moins évolué ou transformé ; parmi ces pièces on peut remarquer : les pointes *Fig.* 10 et 11, le racloir de la *Fig.* 13, et la pierre de jet *Fig.* 14, de la Pl. I, qui ont été recueillis dans la couche 3 ; — les pièces *Fig.* 9, 14 à 18, de la Pl. III ; — la belle pièce elliptique un peu en pointe de la *Fig.* 8, Pl. III, dont le pourtour est entièrement et finement taillé en tranchant et en forme de racloir ou de grattoir ; cette pièce, légèrement renflée au centre, en silex brun, rayé, nuancé, est trop bien et trop finement taillée pour être un outil vraiment moustérien, surtout ayant une face bien taillée et l'autre bien ébauchée et même retouchée délicatement, sur une partie du bord. La Pl. IV nous présente au moins trois pièces qui ne tiennent guère du moustérien ; celles des *Fig.* 10 et surtout 8 et 9. Nous pensons que toutes ces pièces doivent être séparées des types moustériens et reportées au commencement de l'Aurignacien.

Mais la Pl. V, sans présenter beaucoup de vrais types actuellement connus de l'Aurignacien, montre des pièces de silex dont la taille et surtout la forme s'éloignent bien plus encore du Moustérien ordinaire que les précédentes. Ainsi nous y voyons des pièces à pédoncule, parmi lesquelles la *Fig.* 13, qui est un vrai type de la Gibelette, que l'un de nous a observée et étudiée, avec le coutelet, à Mormoiron (2), et placée dubitativement par lui dans le Magdalénien ; nous y voyons la pièce 14, qui est une curieuse pointe à face inférieure plate et lisse, taillée sur sa face supérieure, de manière à former un pédoncule et un épaulement formant une seconde pointe latérale.

Nous croyons avoir aussi une espèce de tranchet avec les pièces 18, peut-être aussi 19 et surtout 17, ainsi que nous l'avons déjà fait remarquer au paragraphe des *Pièces moustériennes*. La pièce *Fig.* 18 (toujours Pl. V), a beaucoup d'analogie avec certaines pièces que MM. Bardon et Bouyssonie ont trouvées à la Coumba-del-Bouïtou et qu'ils ont appelées des Ciseaux. A l'Atelier du Sablon, assise

(1) Nucléus. Ce terme est si souvent usité en préhistoire que nous le francisons, comme d'habitude.

(2) M. Deydier. — *Le Préhistorique aux environs du Mont-Ventoux. Région sud-ouest. Atelier du Sablon à Mormoiron. —Congrès préhistorique de France*, Session d'Autun, 1907, pages 135 à 173 : et tirage à part 1908.

supérieure, ouvrage cité, il a été trouvé deux pièces presque identiques à celles-ci que nous avons préféré considérer comme des tranchets carrés.

Nous avons fait également ressortir, au précédent paragraphe, diverses autres pièces, parmi lesquelles une quantité de pointes présentant diverses variétés d'évolution ; nous avons notamment les pointes mousses, obliques, etc. ; les pointes à bords abrupts, très épais. *Fig.* 7, Pl. III ; 12. Pl. V.

Les *Lames retouchées* formant racloirs ne font pas défaut ; nous en avons même quelques-unes retouchées sur le pourtour ; mais bien des lames ont été utilisées sans avoir été retouchées.

Les bons *perçoirs* sont très rares : à peine si l'on peut considérer comme perçoirs la pièce 11. Pl. V, qui est un éclat étroit et long et légèrement appointé des deux bouts, usé et légèrement retouché sur un bord, et peut-être la jolie pointe *Fig.* 3, même Pl. V, mais sûrement, ces deux pièces ne sont pas de vrais perçoirs.

Les *Nucléus* et les *Percuteurs*, ainsi que nous l'avons dit également, sont très rares à la Baume des Peyrards ; mais nous ne croyons pas pour cela qu'il y ait eu importation de pièces taillées.

Les lames à dos rabattu. les coutelets, font défaut.

Nous n'avons pas trouvé de scie bien caractérisée de l'Aurignacien : néanmoins il est probable que diverses pièces ont pu servir à scier.

Il nous manque les vrais grattoirs carénés, les grattoirs nucléiformes, à museau, etc. ; les grattoirs sur bout de lame bien formés ne sont pas fort communs ; mais les grattoirs doubles dérivant du racloir, sont moins rares ; nous avons quelques grattoirs en ogive selon MM. Bardon et Bouyssonie). quelques rares grattoirs à bout carré et aussi quelques-uns a extrémité oblique.

Avec les grattoirs carénés, il nous manque surtout, à la Baume des Peyrards, les lames étranglées, à simple ou double encoche, et très bien taillées, qui sont si caractéristiques de l'Aurignacien, d'après l'abbé Breuil. les abbés Bardon et Bouyssonie, etc.

Nous ferons remarquer de plus que nos pièces de la Baume des Peyrards. à faciès aurignacien, sont beaucoup moins soignées et moins nombreuses que celles signalées de la Coumba-del-Bouïtou.

III. Pièces a faciès solutréen. — Nous avons bien quelques pièces retouchées sur une seule face, et présentant à l'autre face quelques petites parties retouchées finement ou à grosses retouches : ce qui serait insuffisant comme faciès solutréen ; mais nous possédons au moins deux pièces principales présentant bien le caractère solutréen. Ce sont les pièces foliacées *Fig.* 16 et 15 de la Pl. V. La

Fig. 16 représente une petite feuille de laurier taillée sur une face,
l'autre face étant lisse et légèrement concave avec le bulbe de percussion ; la *Fig.* 15 représente au contraire une large feuille de laurier,
assez grossièrement taillée, mais taillée sur les deux faces, dont une
cependant légèrement plus bombée que l'autre.

Tels sont les caractères que nous avons remarqués sur les industries lithiques de la Baume des Peyrards.

RÉSUMÉ ET CONCLUSIONS.

L'industrie littrique de la Baume des Peyrards, très bien soi-
gnée en général, présente surtout les caractères ordinaires du
Moustérien, mais il s'y mêle une évolution morphologique un peu
embarrassante. La faune, quoique très intéressante en elle-même,
dans son ensemble, ne peut nous venir en aide pour éclairer la
question, n'ayant pas de magma (les os sont dispersés, au contraire) ; et l'industrie sur os et les œuvres d'art encore moins,
puisqu'il n'y en a pas...

Il nous semble cependant que l'on peut y voir le début de l'Aurignacien accompagné de quelques pièces à faciès du Solutréen
inférieur.

Le Moustérien, remarqué dès la première couche, dès le fond
de la station, nous a fourni, en effet, dans diverses couches et
particulièrement dans la couche 4, de fort belles et nombreuses
pièces typiques ; la quantité d'éclats moustériens retouchés, travaillés ou utilisés, recueillis par nous ou par d'autres, se compose
certainement de plusieurs milliers, sans tenir compte de la multi-
tude d'éclats de toutes sortes non utilisés, parmi lesquels beaucoup d'esquilles en lamelles, qui ont laissé croire à une forme
cherchée, ce qui n'est pas probable, bien que quelques-unes aient
pu être utilisées.

Mais les types ou faciès Aurignaciens, qui apparaissent dès la
couche 3 et augmentent en nombre dans la couche 4, ne sont pas
très communs ; et, de plus, il nous manque, de cette industrie,
bien des formes qui la caractérisent, savoir : 1° les grattoirs ou
grattoirs carénés, dont MM. Bardon et Bouyssonie, les heureux
inventeurs du crâne de la Chapelle aux Saints, ont donné une belle
et intéressante étude à la station de la Coumba del Bouïtou (Corrèze) 1 ; 2° les lames à tranchant rabattu ; 3° les lames étranglées,
à encoche et double encoche de la station des Cottés 2.

<hr>

(1) MM. BARDON, A. et J. BOUYSSONIE. — *Grattoir caréné et ses dérivés à la
Coumba del Bouïtou Corrèze*. Revue de l'École d'Anthropologie, 1906. — *Station
préhistorique de la Coumba del Bouïtou.* Bull. de la Société scientifique, historique et archéologique de la Corrèze. — Extrait, sans date.
(2) L'abbé BREUIL. — Revue École d'Anthropologie, 1906.

Ce que nous avons surtout qui rappelle l'Aurignacien, outre la taille, la façon, ce sont les pièces à pédoncule et la Gibelette, que nous avions placée dans le Magdalénien, dubitativement, au Sablon, Mormoiron (1).

En ce qui concerne le Solutréen, nous avons seulement quelques pièces foliacées dont une (*Fig.* 16, Pl. V , assez bien formée, taillée sur la face supérieure, la face inférieure étant lisse et plane (face d'éclatement) ; et une autre pièce, (*Fig.* 15, Pl. V), en forme de large feuille de laurier, bien déterminée, taillée sur toute sa surface d'une manière un peu grossière ; ces deux pièces nous semblent marquer le Solutréen inférieur.

Malgré le peu de documents caractéristiques des deux dernières époques, nous croyons qu'elles sont suffisamment représentées à la Baume des Peyrards pour admettre les industries précitées ; et alors il nous semble pouvoir en déduire que l'Aurignacien, précédé du Moustérien, n'est pas postérieur au Solutréen, ce qui est conforme à l'avis de la grande majorité des auteurs, aujourd'hui, qui ont traité cette question, notamment l'abbé Breuil, Professeur de Préhistoire à la Faculté des sciences de Fribourg. Du reste, la question a été tranchée dans ce sens par le Congrès international de Monaco, en 1906, et par la Commission de savants, invitée par M. Peyrony et qui s'est transportée sur les lieux, le 15 avril 1908, pour étudier la stratigraphie d'un gisement Aurignaco-solutréen par lui découvert au Ruth, commune de Tursac (Dordogne) (2).

Rapports et différences. — Nous renvoyons à plus tard, au jour où nous prendrons en mains d'autres stations ou ateliers du Paléolithique moyen que nous connaissons encore dans les vallées d'Apt, de la Nesque, etc. (le Bois sauvage à Bonnieux, les Bruguières à Saint Saturnin, les Trecassas au Villard, etc., etc.), les rapports et les différences qui existent ou peuvent exister entre les industries de la Baume des Peyrards, et celles de ces dernières stations et autres. Et nous en déduirons les relations ayant pu exister entre les habitants primitifs de ces diverses régions et ceux des régions du Mont-Ventoux, des Basses-Alpes, etc.

Nous croyons cependant pouvoir dire dès maintenant, que les industries de la Baume des Peyrards présentent plusieurs rapports avec les industries du Paléolithique moyen de la vallée du Largue et surtout de Mormoiron, atelier du Sablon, que l'un de nous a décrit. Bien des formes semblables se trouvent dans les uns et les autres gisements, et dans aucun d'eux nous ne trouvons les lames

---

(1) M. DEYDIER. — *Le Préhistorique aux environs des Monts Ventoux,* 1° *partie.* — 3° Congrès préhistorique de France, Autun. 1907. Et tirage à part, 1908.

(2) *Revue Préhistorique,* mai 1908

à encoche ou étranglées qui sont ailleurs les types les plus caractéristiques de l'Aurignacien, ainsi que le grattoir caréné, que nous connaissons également fort peu dans les régions précitées.

Mais nous avons constaté que les types moustériens sont beaucoup mieux caractérisés et plus nombreux à la Baume des Peyrards, qu'ils ne le sont en la vallée du Largue et à Mormoiron ; mais ici, par contre, nous trouvons quelques formes, notamment le *Coutelet*, qui ne sont pas à la Baume des Peyrards, et qui doivent être attribuées à une époque un peu postérieure au Moustérien.

Notons enfin que bien des caractères afférents aux types des industries du silex, dans nos diverses régions du sud-est, ne sont pas bien fixes en général, et semblent varier avec chaque gisement, avec chaque localité.

M. Edmond Hue. — Je ferai remarquer que les dents de chèvre et celles de mouton possèdent des caractères qui permettent de les différencier.

La présence de la gazelle et du 'crocodile me paraît extraordinaire.

Quant au lapin, il ne faut pas perdre de vue que sa qualité d'animal fouisseur le fait se rencontrer dans la plupart des terrassements, et qu'il est toujours bien difficile de préciser l'époque de son introduction dans un gisement.

Il est fort regrettable que la majorité des auteurs ne croit pas devoir indiquer la nomenclature des ossements qui ont servi à déterminer la faune.

Se contenter de donner la liste des animaux reconnus dans un gisement n'est pas suffisant, si les indications de contrôle font défaut.

En effet, déterminer la « gazelle » sur deux ou trois dents, n'aura pas la même valeur scientifique que si on en avait possédé un crâne entier. Dans le premier cas l'espèce est douteuse, dans le deuxième elle est certaine, et l'on peut juger de toute la précision de ces déterminations de la faune d'après cet exemple.

En général, les auteurs devraient indiquer dans quelles collections se trouvent les débris de la faune dont ils donnent la liste, surtout si les collections ne sont pas publiques.

Nous devons féliciter MM. Deydier et Lazard, qui nous ont donné d'amples renseignements à tous égards.

DEYDIER ET LAZARD.

LA BAUME DES PEYRARDS (Vaucluse).

Descriptions des Planches et Figures.

Nota. — 1° Toutes les Planches sont reproduites aux 3/5 de grandeur naturelle.

2° Sauf indications contraires, tous les silex reproduits n'ont qu'une face travaillée et les bords supérieurs seuls retouchés, la face d'éclatement, avec ou sans bulbe de percussion, étant lisse, plus ou moins plate et sans travail.

3° Un certain nombre de pièces portent une étiquette ronde ou ovale indiquant, par la lettre C et un chiffre, la couche où la pièce a été recueillie.

4° Une certaine quantité de Pointes et de Racloirs ont été accommodés pour l'emmanchement ou la préhension, tantôt de la main droite, tantôt de la main gauche, pour les racloirs.

5° Des silex de toutes les formes sont plus ou moins patinés, ce qui prouve la longue durée de la station.

PLANCHE I.

Fig. 1. — Racloir en arc de cercle, épais, cassé à l'arrière, silex noir, marbré de blanc ; face supérieure recouverte en grande partie de croûte du silex.

Fig. 2. — Pointe mince, à bords latéraux retouchés légèrement en arc de cercle. Talon disposé pour l'emmanchement ou la préhension. Silex blanchâtre. Pièce recueillie dans la partie supérieure de la couche 1.

Fig. 3. — Pointe retouchée sur ses deux bords dont un courbe, l'autre rectiligne. Talon accommodé. Silex brun, patiné.

Fig. 4. — Éclat dont la face supérieure est recouverte d'une couche verdâtre glauconie et de concrétions calcaires. Il a été utilisé comme grattoir.

Fig. 5. — Racloir double, cassé. Silex gris-blanc à demi translucide, portant des concrétions filiformes calcaires.

Fig. 6. — Très petite pointe moustérienne de 3 centimètres de hauteur et du poids de 3 grammes la plus petite que nous ayons trouvée à la Baume-des-Peyrards ; ébréchée sur un angle de la base.

Fig. 7. — Espèce de grattoir-racloir, à talon étroit, accommodé. Silex passé au feu.

Fig. 8. — Pointe bien taillée, à bords à peu près rectilignes. Taille vive sur un ancien silex taillé et patiné dessus et dessous. Talon recouvert en partie d'une couche de cortex.

Fig. 9. — Pointe mince, analogue à la pièce 2 ci-dessus. Silex gris-blanc, patiné.

Fig. 10. — Pointe très allongée à bords rectilignes ; taillée sur toute sa face supérieure. Pièce forte, épaisse sur sa ligne médiane en longueur. Silex gris-blanc, très légèrement patiné.

Fig. 11. — Pointe aiguë à talon épais, cassé. Silex rosé, zoné.

Fig. 12. — Beau racloir rectiligne, taillé sur un seul bord, l'autre bord épais et recouvert de Cortex. Silex brun, taché de gris.

Fig. 13. — Racloir taillé d'un côté entièrement, et partiellement de l'autre.

Fig. 14. — Pierre de jet à demi sphérique, très anguleuse, à arêtes très vives ; taillée sur toute sa surface.

PLANCHE II.

Cette Planche ne représente que des Pointes moustériennes ou à faciès mous-térien ; elles sont plus ou moins triangulaires, allongées ou ramassées ; à bords latéraux rectilignes ou en arc de cercle. Pièces recueillies dans la couche 4 :

(Grandeur 3/5)

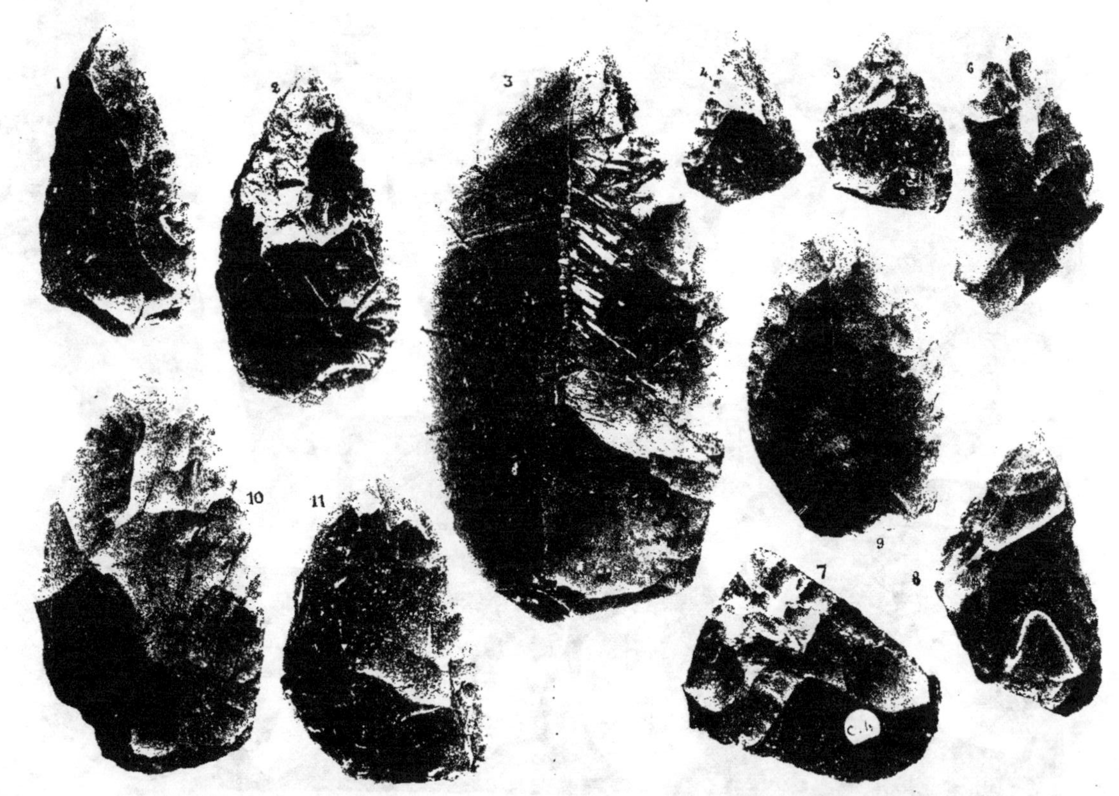

[Grandeur 3/5].

[Grandeur ½].

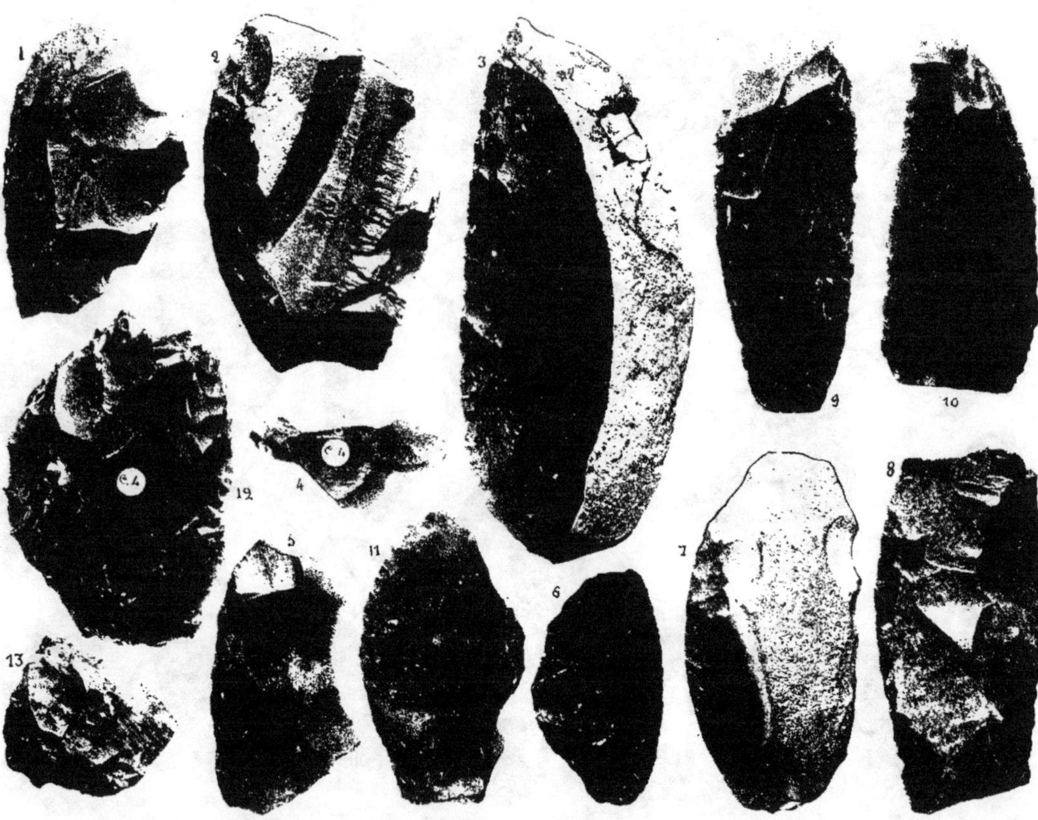

Grandeur 3/5.

silex de nuances diverses. La belle lame de la *fig.* 3, mince, taillée finement sur ses bords latéraux, a été malheureusement cassée de deux coups de pioche et restaurée ensuite. Elle mesure 135 millimètres de longueur, sur 70 de largeur. Silex blond. La pièce *fig.* 2, porte à sa surface une partie de la croûte du silex.

PLANCHE III.

NOTA. — 1° Les pièces *fig.* 4, 6, 9, 10 et 14 portent des retouches vives, sur leurs bords, faites sur d'anciens silex travaillés, patinés. Les silex *fig.* 16 et 19 sont couverts de patine.

2° *Pointes moustériennes* : forme ordinaire, *fig.* 2, 3, 4 ; forme ramassée, à base large, *fig.* 1, 5 ;

3° Les *fig.* 4, 11, 12, 13, 14, sont des variétés de pointes ou de racloirs de très petites dimensions.

4° Les pièces *fig.* 14 à 18 s'éloignent des formes moustériennes.

Fig. 2. - Pointe à face inférieure très incurvée. Silex noir. V. *nota* 2°.

Fig. 4. — Pointe analogue à la pièce 1 de la Pl. V. Voir *nota* 1°, 2°, 3°.

Fig. 5. — Silex brun foncé, craquelé. Voir *nota* 2°.

Fig. 6. — Variété de pointe moustérienne. Voir *nota* 1°.

Fig. 7. — Pointe forte, épaisse, à bords abrupts, face inférieure plate ; talon très épais, cassé.

Fig. 8. — Espèce de Pointe-racloir finement retouchée sur tout son pourtour rendu coupant. Belle pièce, assez mince, en silex brun nuancé, à faciès aurignacien ?

Fig. 9. — Espèce de Pointe sur lame bien taillée, mince, encroûtée au bas de la face supérieure. Voir *nota* 1°.

Fig. 10. — Espèce de Pointe assez bien taillée sur sa face supérieure ; grossièrement taillée à l'autre face pour l'accommodation de la pièce à tenir de la main gauche. Voir *nota* 1°.

Fig. 11. — A quelques écailles enlevées à la face inférieure pour accommoder la pièce. Voir *nota* 3°.

Fig. 12 et 13. — Voir *nota* 3°.

Fig. 14. — Pièce accommodée par enlèvement d'écailles à la face inférieure. Voir *nota* 1°, 3°, 4°.

Fig. 15. — Pièce triangulaire, à deux pointes, à bord concave retouché en dents de scie. Talon épais accommodé. Silex gris de fer, craquelé.

Fig. 16. — Espèce de racloir-rabot. Silex patiné. Voir *nota* 4°.

Fig. 17. — Disque taillé sur sa face supérieure et grossièrement à sa face inférieure, pour le rendre avec des arêtes vives, anguleuses. Silex blond. Voir *nota* 4°.

Fig. 18. — Racloir ou grattoir sur éclat grossier. Voir *nota* 4°.

Fig. 19. — Racloir simple à bout busqué. Quelques écailles enlevées à la face inférieure pour bien tenir la pièce de la main droite. Silex patiné. Avec les arêtes plus patinées, plus blanches que le restant de la pièce.

PLANCHE IV.

Fig. 1, 2, 4 et 5. — Racloirs arqués simples. Silex divers. La pièce *fig.* 4, très mince, petite et cassée, a été en outre utilisée comme grattoir à encoche.

Fig. 3. — Beau racloir simple, rectiligne, avec pointe. Pièce à dos brisé d'un coup de pioche et recouvert d'une mince couche de croûte formant une bande blanche arquée opposée au bord taillé. Silex brun.

Fig. 6, 7, 12. — Racloirs arqués doubles, taillés sur les deux bords latéraux. Silex divers. Le racloir 7, taillé sur ses bords supérieurs a été taillé aussi, grossièrement, par enlèvement d'éclats sur un de ses bords de la face inférieure d'éclatement, pour bien tenir la pièce en main de la main gauche. Silex gris, fortement encroûté à sa face supérieure.

Fig. 8. — Espèce de racloir double, d'aspect plutôt aurignacien. Silex anciennement taillé et patiné, avec quelques retouches vives, plus récentes.

Fig. 9 et 10. — Racloirs ou pièces de forme évoluée.
Fig. 11. — Racloir arqué, double, un bord brisé sur deux points de coups de pioche. Talon préparé pour la préhension.
Fig. 12. — Pointe moustérienne, assez petite; à base large.

PLANCHE V.

Fig. 1. — Espèce de Pointe-racloir à cran ou pédonculé, taillée sur tout son pourtour.
Fig. 2. — Pointe racloir arqué, double, taillée sur tout son pourtour. Talon accommodé.
Fig. 3. — Pièce triangulaire finement taillée sur son pourtour et sa surface, avec pointe fine, aiguë, ayant pu servir de perçoir. Silex légèrement patiné. Partie de la face supérieure encroûtée.
Fig. 4. — Racloir double à pointe oblique ayant dû servir de burin. Silex gris foncé avec croûte à la face supérieure.
Fig. 5. — Espèce de petit racloir double, à pointe oblique ayant pu servir de burin.
Fig. 6. — Lame taillée sur ses deux bords, à pointe oblique, qui a vraisemblablement servi de burin. Silex blond fortement encroûté à la face supérieure.
Fig. 7. — Pièce analogue à la précédente, mais plus petite et moins bien taillée. Sa pointe courbe a pu servir également de burin. Silex légèrement patiné.
Fig. 8. — Espèce de burin bien caractérisé, mais taillé grossièrement. Silex en partie patiné.
Fig. 9. — Espèce de racloir avec pointe oblique, ayant servi de burin. Pièce vue sur sa face inférieure lisse, très incurvée: la face supérieure bien taillée. Silex blond avec croûte sur sa face supérieure.
Fig. 10. — Espèce de burin busqué, ou petit grattoir sur bout; l'autre bout accommodé.
Fig. 11. — Lame effilée à deux pointes (perçoirs ?): un bord taillé légèrement ou usé.
Fig. 12. — Petit racloir à deux pointes, très épais, à bords très abrupts.
Fig. 13. — Gibelette typique taillée sur tout son pourtour et sur sa face supérieure. Silex gris de fer.
Fig. 14. — Espèce de gibelette, épaisse, pointue, à bosse également pointue. Taillée sur son pourtour et sa face supérieure. Silex nuancé de rose, marbré, craquelé.
Fig. 15. — Pièce en forme de large feuille de laurier, peu finement taillée sur ses deux faces.
Fig. 16. — Pièce foliacée, épaisse, face inférieure d'éclatement lisse. Silex blanchâtre et gris de cendre.
Fig. 17. — Espèce de tranchet à tranchant arqué, taillé à son bord supérieur; pédoncule épais, accommodé de chaque côté pour la préhension entre le pouce et l'index de la main droite. Silex blond ancien légèrement patiné, à taille vive.
Fig. 18. — Pièce en forme de tranchet ou de ciseau, taillée tout autour, mais à bords légèrement émoussés.
Fig. 19. — Belle pièce taillée tout autour par de fines retouches, ayant un bout en pointe, l'autre bout terminé par un tranchant taillé sur son bord supérieur.